Das Märchen vom großen und vom kleinen Glück

Eine Geschichte von Eva Mutscher
mit Illustrationen von
Kerstin Hiestermann

„Hab ich‘s nicht gesagt? Hier ist niemand“, rief der Mann über die Schulter ins Hausinnere. „Ich bin sicher, da war was „, beharrte eine Frauenstimme. Der Mann trat über die Türschwelle und suchte den Vorgarten mit Blicken ab. Nichts. „Vielleicht hat das Glück an unsere Tür geklopft“, neckte ihn seine Frau, doch sie erntete nur ein freudloses Lachen. Dann fiel die Tür ins Schloss. Das kleine Glück hockte auf dem Blumenkübel und bebte vor Ärger. Schon wieder hatte man es übersehen. „Hab ich nicht eigenhändig die Knospen der Hängenelken aufgefaltet? Hab ich nicht so lange am Strahl der Abendsonne gezogen, bis er durch das Fenster in eure Küche fällt? Und das Lied der Nachtigall – das hab ich komponiert!“ Das kleine Glück schimpfte, was das Zeug hielt. „Ich bin es leid, ein kleines Glück zu sein. Keiner sieht mich, keiner hört mich. Was gäbe ich dafür, groß zu sein.“ Schon lange bewunderte es sein Vorbild, das große Glück, und wusste, wie sehr die Menschen sich danach sehnten. Kurzentschlossen sprang es auf und stapfte aus dem Vorgarten, die Straße entlang, aus der Stadt hinaus, durch Feld und Wald bis hinauf auf den gewaltigen Berg. Dort sprudelte in einem Felsspalt die Quelle des Glücks. Der Wächter saß daneben und schöpfte von Zeit zu Zeit eine Kelle voll Glück, um zu prüfen, ob es ungetrübt sei. Seine Arbeit fesselte ihn so, dass er das kleine Glück nicht gleich bemerkte. „Ich möchte aus deiner Quelle trinken, so viel ich nur kann!“, verkündete das kleine Glück, als der Wächter endlich aufsah. „Willst du denn kein kleines Glück mehr sein?“, fragte er und zog die Augenbrauen hoch. „Ich will ein großes Glück werden. Das muss das Schönste auf der ganzen Welt sein.“ Das kleine Glück sprang heran und beugte sich über die Quelle. „Halt!“ Der Wächter hielt es zurück. „Ehe du trinken darfst, sollst du erst das große Glück näher kennenlernen.“ „Muss das sein?“, schmollte das kleine Glück, ärgerlich über die Verzögerung, doch dann folgte es gehorsam dem Wächter zu einer Höhle,

K.

aus der goldenes Licht nach draußen schimmerte. „Hier wartet das große Glück bis ich es mit einem Auftrag zu den Menschen schicke“, erklärte der Wächter. Ehrfürchtig blieb

das kleine Glück am Eingang stehen, nahm all seinen Mut zusammen und wisperte: „Guten Tag, großes Glück. Ich möchte so werden wie du. Hast du etwas dagegen?“ „Warum sollte ich? Es ist schön, wenn man mich bewundert. Doch sieh dir zuvor an, was da hinten liegt.“ Das kleine Glück entdeckte einen Scherbenhaufen und ging näher. Bilder spiegelten sich in den Bruchstücken: Abschiedsbriefe, zerschnittene Fotos, einsame Eheringe, zerbrochene Herzen, blaue Briefe, Schuldscheine, sogar Handschellen und leere Schnapsflaschen. Das kleine Glück erschauderte und schaute sich fragend um. „Leider bin ich nicht pflegeleicht.“ Das große Glück

hob bedauernd die Schultern. „Wenn man mich nicht behutsam behandelt, zerbreche ich wie Glas und nichts als das hier“, es wies auf den Abfallhaufen, „bleibt übrig.“ „Wie gut, dass die Quelle dich immer auf‘s neue speist“, sagte das kleine Glück voller Mitgefühl. „Wenn sie achtlos mit mir umgehen, können die Menschen vom siebenten Himmel direkt in den Strudel der Verzweiflung stürzen und manche ertrinken sogar darin.“ „Ist das wahr?“ Das kleine Glück riss vor Schreck die Augen auf. „So hab ich mir das nicht vorgestellt. Versteckst du dich deshalb hier oben?“ „Nur deshalb. Ich muss darauf warten, dass endlich wieder ein Mensch bereit für mich ist. Dann besuche ich ihn und überschütte ihn mit unsagbarem Glück. Was er daraus macht, kann ich nicht beeinflussen.“ „Manche Menschen kommen wohl mit uns beiden nicht zurecht“, vermutete das kleine Glück. „Dabei werden wir gewünscht bei jeder nur möglichen Gelegenheit.“ Dann fügte es hinzu: „Ich bin mir nicht mehr sicher,

ob ich so werden will wie du." Der Wächter eilte heran. „Mach dich bereit, großes Glück! Du darfst wieder ein paar Menschen beglücken." „Endlich! Es wurde auch Zeit!" „Und ich?", piepste das kleine Glück. „Du gehst mit und versuchst es in der Nachbarschaft. Dort sind Enkel zu Besuch. Kleine Menschen entdecken dich leichter als große." „Meinst du?" Das kleine Glück zweifelte, machte sich aber gemeinsam mit dem großen Glück auf den Weg in die Stadt. Während das große Glück strahlend den Berg hinab wogte, tippelte das kleine eilig nebenher und seine Vorfreude wuchs mit jedem Schritt. Nein, es wollte nicht in der Höhle warten, bis der Wächter es irgendwann rief. Immer deutlicher fühlte es, dass seine Freiheit, immer und überall aufzutauchen, wo es nur wollte, wichtiger als alles andere war. Es nahm sich vor, viel Geduld mit den Menschen zu haben und unermüdlich zu versuchen, ihnen Augen und Ohren zu öffnen. Trotzdem bewunderte es seinen Gefährten grenzenlos, und das wollte es

ihm auch zeigen. „Weißt du, großes Glück, dass du wie die Sonne leuchtest?“, schwärmte es. „Du, mein kleines Glück, blinkst hell und freundlich wie ein Stern am Himmel“, gab das große Glück zurück. „Und du bist wie der prächtigste Schlossgarten mit uralten Bäumen und üppigen Rosenrabatten.“ „Weißt du nicht, wie hübsch ein Primeltopf auf der Fensterbank ist?“, war die Antwort. „Aber du bist auch das Adrenalin bei einem Fallschirmsprung aus dem Flugzeug!“ „Nun gut, das ist nicht so leicht zu toppen. Doch du bringst die Menschen dazu, vor Freude die letzte Treppenstufe hinab zu springen anstatt zu laufen.“ Das kleine Glück machte einen Überschlag vor Freude über seine Ideen. „Und außerdem bist du ein Acht-Gänge-Menü in einem Edelrestaurant.“ „Weißt du, was es bedeutet, beim Wandern einen vergessenen Schokoladenriegel im Rucksack zu finden?“ Das kleine Glück lächelte.
„Das weiß ich. Aber du! Du bist eine unvergessliche, stürmische Liebesnacht!“ Verson-

nen antwortete das große Glück: „Du sitzt auf der Hand, die zart über eine andere streicht." Verlegen nickte das kleine Glück, dann fuhr es fort: „Du bist wie ein Literaturnobelpreis. Na, was sagst du nun?" So wanderten das kleine und das große Glück miteinander der Stadt entgegen und wurden nicht müde, die Vorzüge des anderen zu beleuchten. Je näher sie dem Ort kamen, desto heller strahlte das große Glück und sein kleiner Freund blinkte und hopste, dass es eine Lust war. Während das große Glück auf eine Familie zu rauschte, die in Festkleidung vor der Kirche stand, drehte es sich um und hauchte: „Aber du, mein Kleines, bist das Lächeln auf dem Gesicht desjenigen, der gerade eine schöne Geschichte gelesen hat."

Zur Autorin:
Eva Mutscher (geboren 1964) ist ein durch und durch musikalischer Mensch. Eigentlich halten sie ihre vielen Aufgaben in Garten, Haus und Handwerksbetrieb ziemlich in Schwung. Doch manchmal findet sie auch Muße, nimmt sich die Zeit und widmet sich ihrem Schlagzeug. Dann gibt sie sich ganz dem Rhythmus hin. Ganz anders geht es ihr beim Schreiben: Da sucht sie bewusst die Stille, um das in Worte zu kleiden, was in ihr klingt. Es sind märchenhafte Erzählungen, die lange Zeit zum Reifen brauchen und in denen zarte Töne zum Schwingen kommen.

Zur Illustratorin:
Kerstin Hiestermann lebt mit ihrer Familie in der Nähe von Hannover. In ihrer Freizeit entdeckt und sammelt sie kleine Fundstücke vom Wegesrand, um sie mit ihren Illustrationen zu neuem Leben zu erwecken. Möchten Sie mehr sehen? Dann besuchen Sie ihre Homepage unter **www.spielkkind.de**

Manufakt
Dieser Baum steht für umweltschonende Ressourcenverwendung, individuelle Handarbeit und sorgfältige Herstellung.

FSC
www.fsc.org
MIX
Papier aus verantwortungsvollen Quellen
FSC® C084635